大展好書　好書大展
品嘗好書　冠群可期

中華傳統武術 2

武當劍

大展出版社有限公司

陳湘陵 編著

《中華傳統武術》叢書
編委會

顧　　問　徐　才　原中國武術研究院院長、亞武聯主席

　　　　　李　杰　中國武術研究院院長、中國武協主席
　　　　　　　　　國際武聯秘書長

　　　　　霍震寰　香港武術聯合會主席、亞武聯副主席

主　　編　張　山　中國武術研究院副院長（原）、中國武
　　　　　　　　　協副主席、國際武聯技術委員會主任

執行主編　裴錫榮　原上海市氣功科學研究會副理事長
　　　　　　　　　上海董海川八卦掌研究會會長

編輯委員　江松友　佐藤金兵衛（日本）　　　　吳忠賢

　　　　　吳英華　施祖谷　馬鑫良　陳康煦　陳湘凌

　　　　　郭瑞祥　高鐵鳥　張　山　鈴木千鶴子（日本）

　　　　　鄭志鴻　裴錫榮　臧學範　劉曉凌　韓明華

　　　　　（以上名單按姓氏筆畫排列）

總　序

　　中華民族有著燦爛的文化寶庫，武術是其中一顆璀璨珠璣。悠久的中華傳統武術文化，爲保家衛國、強身健體、祛病延年作出過積極貢獻。縱觀歷史長卷，隨著歷史文化的發展與社會制度的更迭，武術在這漫長歲月裡，幾經盛衰，走過了一段曲折的路程，表現出了頑強的生命力。

　　中華傳統武術早在 1936 年德國柏林召開的第十一屆奧林匹克運動會上進行了精彩的表演，當時由前中央國術館組隊並邀請鄭懷賢武術教授共同參加了奧運會。中國武術表演爲第十一屆奧運會增添了嶄新的花絮，給各國運動員和觀衆留下了印象。會後代表隊又在漢堡等地做了多場巡回演出，受到了德國人民的友好稱讚。

　　1949 年，中華人民共和國宣布成立，給中華傳統武術帶來了春天般的勃勃生機。武術運動在黨和政府的關懷下，得到了迅猛的發展。中華武術不僅成爲人民大衆強身健體的鍛鍊項目，而且已經走進了亞運會的殿堂。傳統武術的挖掘、整理工作也取得了顯著成果，出版的武術書籍如雨後春筍，對中國武術事業的繁榮起到了積極作用。

　　中國武術拳種繁多。改革開放以後，世界各國的

武術社團及武術愛好者，相繼來到中國學習中華武術和交流技藝；中國的武術運動員、教練員也不斷走出國門傳授武術、參加國際武術比賽，進行各種武術文化交流活動。武術源於中國，屬於世界。1990年「國際武術聯合會」順應武術蓬勃發展的形勢而成立。中國武術正邁向奧運。

中華傳統武術文化是一種以人爲對象的人文科學，它集健身袪病、技擊攻防和自娛娛人等藝術價值爲一體，匯東方文化於一身，具有獨特的研究價值。它不僅是一種形體鍛鍊和精、氣、神的内在運動，更是一種精神陶冶。

時逢盛世，全面、深入地整理、繼承和發揚中華傳統文化遺產，吸取其精華，推陳出新，是歷史賦予我們的使命。爲此我們編輯了《中華傳統武術》叢書。

本書收入了各家各派的武術優秀拳械套路，可謂百花齊放，四海一家，我武維揚，是爲序。本套叢書包括：

（一）中華古今兵械圖考
（二）武當劍
（三）梁派八卦掌
（四）少林七十二藝與武當三十六功
（五）三十六把擒拿
（六）武掌太極拳與盤手二十法
（七）八卦六十四刀動作
（八）八卦七星杆動作

（九）心意六合拳全書圖解

（十）太極元功・形意對槍

（十一）華岳心意六合八法拳述眞

（十二）武當太極（又名張三豐太極拳）

（十三）天道煉丹眞功

（十四）形意十二洪捶

（十五）醉八仙拳法

（十六）太虛腿法

（十七）峨嵋擒跌法

（十八）佟派七十二擒拿

本書在編寫過程中，承蒙上海市武術協會、上海武術院、上海市氣功科學研究會的大力支持，在此表示謝意。

《中華傳統武術》叢書編委會

前 言

武當劍爲武當武術傳統項目之一，亦稱武當丹字派劍術，據說傳自武當。

《道統源流志》載：「張三豐眞人，名君寶，字玄玄、元季，遼東懿州人，好道善劍。」曾結廬武當山，對武當武術流傳頗有影響。明代張松溪於浙江鄞縣四明山，以此劍術傳授門徒，故又名四明劍。厥後名家輩出，遼寧北鎮宋唯一（德厚）爲之最，得宋之傳者如河北棗強李景林（芳辰）先生和河南固始郭岐鳳（起鳳）先生等七人，人稱廣陵七劍士。

李於1930年在山東國術館傳楊奎山、林志遠、葉大密、郝家俊、褚桂亭、黃元秀、陳微明、萬籟聲等數十人。後郭於1949年赴港途經武漢，再傳劉春臣、梁序東、喻宙光、胡思義四人武當劍術。

本書係依據郭師岐鳳先生所傳之武當太極形劍（三角劍、珍珠滾盤劍）單練套路整理。

武當劍套路分單練和對練兩種形式。對練劍法共五種一百一十劍，其中不同的六十劍。皆以抽、帶、提、格、擊、刺、點、崩、攪、洗、壓、截、劈十三勢劍法應用變化而成。並包括天、地、人三盤的姿勢與動作，講究太極腰、八卦步。斯術旋轉則如盤中滾珠，其變化則身行如龍，劍行若電。練習以打（劍）

法爲主，尚有活步對劍、對練散劍、對劍三角、陰陽劍圈等法，內容極爲豐富，可得到全面鍛鍊。

曾有贊武當劍者云：「翻天兮驚鳥飛，滾地兮不沾塵，一擊之間，恍若輕風不見劍，萬變之中，但見劍光不見人。」所謂劍無成法，因敵變幻，虛實互用，端倪莫測。非到劍術純妙，不能到此境界。

筆者於1956年師從劉公春臣習武當劍術，1982年爲了發掘整理中國武術文化遺產，曾以武漢市武術協會《武當劍》整理小組的名義在原「武漢師範學院學報」哲學社會科學版增刊上發表，今仍以原書稿爲藍本，經修訂重新出版。惜本人限於水平，書中謬誤敬希武林同道不吝指正。

本稿圖片承蒙陳七、陳邦世兩先生攝影和繪圖，特此致謝。

陳湘陵

目　錄

一、劍之形式及各部名稱

「劍」，為古兵器之一，被譽有「百兵之君」，「兵刃之師」之說。劍在現代的武術運動中，則是一種主要的運動器械。劍之形式，隨著歷史不斷地前進，事物不斷地發展，其演進更為精良。劍之各部名稱亦有異同。茲將武當劍法運用劍體之各部名稱簡釋如下（圖 A–1）。

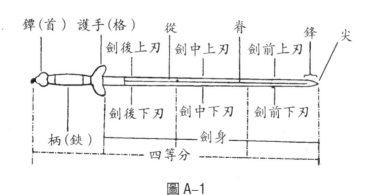

圖 A–1

1. **劍身**：指劍的護手前部整體，由尖至格。
2. **劍尖**：指劍身的前端，鋒芒之尖。
3. **劍鋒**：指劍身的前端兩側約 10 公分刃口。
4. **劍刃**：分為上下兩刃口（以握把的手虎口與劍上刃成直線而定名為例）；各有分前、中、後上部。
5. **劍脊**：指劍身自尖至格中間凸起部分。

6. **護手**：亦稱格，劍身與劍柄之間分隔者。
7. **劍柄**：亦稱鋏，把握之處。
8. **劍鐔**：亦稱首，指劍柄之後端銅包頭。
9. **劍從**：指劍脊至劍刃部分。

二、握劍方法及劍體方位的變動

（一）握劍方法

手握劍柄，以拇指、中指、無名指為主，食指、小指配合賓輔，隨動作變化靈活掌握，時緊時鬆，順其自然。要求腕鬆、指活、手心空（掌不貼柄），所謂「指實掌虛」。

（二）劍體方位的變動

1. **立劍**：劍刃朝上下為立劍（圖 A–2）。

圖 A–2

2. **平劍**：劍刃朝左右為平劍（圖 A–3）。

圖 A–3

3. **豎劍**：劍尖朝上，劍身垂直或稍斜為豎劍（圖 A–4）。

圖 A–4

4. **垂劍**：劍尖朝下，劍身垂直或稍斜為垂劍（圖 A–5）。

圖 A–5

三、武當劍法手位變動陰陽圈

（均以右手握劍為例，圖A-6）。

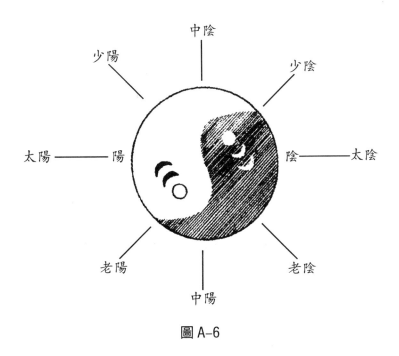

圖A-6

1.**中陰劍**：拇指一側朝上，手心朝左，握立劍〔圖A-6 ①（子）〕。

2.**少陰劍**：手背朝上而少外斜（前臂稍外旋），握斜立 劍〔圖A-6②（丑）〕。

圖 A-6 ① （子）

圖 A-6 ② （丑）

圖 A-6 ③ （寅）

3. **太陰劍**：即陰劍。手背朝上，手心朝下，握平劍〔圖 A-6 ③ （寅）〕。

4. **老陰劍**：手背朝上而少內斜（前臂稍內旋），握斜立劍〔圖 A-6 ④ （卯）〕。

5. **中陽劍**：拇指一側朝下，手心朝右，握立劍〔圖 A-6

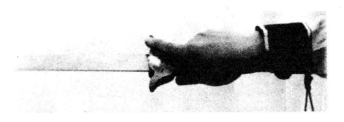

圖 A–6 ④（卯）

圖 A–6 ⑤（辰）

圖 A–6 ⑥（巳）

⑤（辰）〕。

　6.**老陽劍**：手心朝上而少外斜（前臂稍外旋），握斜立劍〔圖 A–6 ⑥（巳）〕。

　7.**太陽劍**：即陽劍。手心朝上，手背朝下，握平劍〔圖 A–6 ⑦（午）〕。

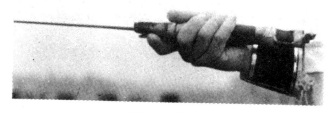

圖 A–6 ⑦（午）

圖 A–6 ⑧（未）

　　8. 少陽劍：手心朝上而少內斜（前臂稍內旋），握斜立
劍〔圖 A–6 ⑧（未）〕。

四、武當劍之十三勢劍法

1.**抽**：手心朝下握平劍，由前向側後上（下）方拉回。力達劍身下刃（圖 B–1、圖 B–2）。

圖 B–1

圖 B–2

2.帶：手心朝上握平劍，由前向側後方拉回為平帶，力
達劍身下刃（圖B-3）；拇指一側朝上握立劍，由前向後直
拉沉腕為直帶（兼崩勢），力達劍鋒上刃（圖B-4）。

圖 B-3

圖 B-4

3. 提：前臂內旋（外旋），拇指一側朝下握立劍，由下向右（左）上方弧形提起，力達劍鋒下刃（圖 B-5、圖 B-6）。

圖 B-5

圖 B-6

4.格：劍尖斜朝下，劍身下刃朝外，前臂內旋（外旋），向右（左）弧形擺動格擋，力達劍身前部下刃（圖 B-7、圖 B-8）。

圖 B-7

圖 B-8

5. 擊：立劍或平劍，使劍鋒刃處向前或斜前方擊打（圖B-9、圖B-10）。

圖 B-9

圖 B-10

6. 刺：立劍或平劍向前直出，力達劍尖，臂與劍成一直線（圖 B-11、圖 B-12）；前臂內旋，拇指一側朝下握立劍，經肩上向前下方刺出為探刺劍（圖 B-13）。

圖 B-11

圖 B-12

7.**點：**立劍，提腕使劍尖猛向前下點出，力達劍尖，臂伸直（圖 B-14）。

圖 B-13

圖 B-14

8. **崩**：立劍，沉腕使劍尖猛向前上崩起，力達劍尖，臂伸直，劍尖高不過頭（圖 B-15）。

圖 B-15

9. **攪**：手心朝上握平劍，劍尖向左（右）成小立圓繞環絞動，力達劍身前部，肘微屈（圖 B-16①、圖 B-16②）；手心朝下握平劍，手腕上提向左、向下、向右、向上成立圓繞環絞動，劍尖隨之微動畫圓，力達劍身前部，肘微屈（圖 B-17①、圖 B-17②）。

圖 B-16 ①

圖 B-16 ②

圖 B–17 ①

圖 B–17 ②

10. 洗：立劍，由下向前上方貼身弧形撩出，力達劍身前部下刃（圖 B–18、圖 B–19）。

圖 B–18

圖 B–19

11. 壓：平劍，由上向下為壓，力達劍身中部（圖 B–20、圖 B–21）。

圖 B–20

圖 B–21

12. 截：立劍或斜立劍，由左（右）向另一方向截出，力達劍鋒下刃（圖 B-22、圖 B-23）。

圖 B-22

圖 B-23

13. 劈：立劍，由上向下為劈，力達劍身下刃，臂與劍成一直線（圖B-24）。

圖 B-24

五、武當劍法要義及練法

練劍之基本

一眼法（神）；二手法（劍）；三身法；四步法。

練劍之精神

一膽力；二內勁；三迅速；四沉著。

劍法之基本，外四要也。劍法之精神，內四要也。內外精健，庶乎近焉。

〔註〕內勁云示與蠻勁拙力不同。但無悠久之功夫，無正確之教練，無持久之毅力，決無成績可言。

用劍之要訣

用劍之要訣，全在觀變（眼神）。波微動，我先動（手法）。動則變（身法），變則著（步法）。此四句皆在一個字行之。所為一寸七。所謂險中險（膽力），即劍不離手（迅速），手不著劍是也（沉著）。

心空歌

歌曰：手心空，使劍活。足心空，行步捷。頂心空，身眼一。

練劍歌

頭腦心眼如司令，手足腰胯如部曲，內勁倉庫丹田是，精氣神膽湏充足。內外功夫勤修煉，身劍合一方成道。

〔註〕丹田譬猶倉庫。蓄內勁之所也。身劍合一者，劍恍如其人肢體之一部，凡其人之內勁能直貫注劍鋒。則其鋒不可犯也。

四法歌

手到腳不到，自去尋煩惱，低頭與彎腰，傳授定不高。腹內深流沉，遇敵如火燒。眼到腳手到，方算得玄妙。

分級練習法

初級	個人單練	二級	對套子
三級	活步對劍	四級	對練散劍

對劍三角法

彼來之劍為截，我應以提，成上三角勢（圖C-1）。
彼來之劍為刺，我應以崩，成下三角勢（圖C-2）。

圖 C-1

圖 C-2

彼來之劍為攪，我應以帶，成左三角勢（圖C-3）。

彼來之劍為劈，我應以下斜格，成右三角勢（圖C-4）。

三角習熟而後進以陰陽圈，兩法習熟，始可習散劍法。

〔註〕武當劍法甚奇，而精華實類乎科學之三角法。學者幸勿忽諸。

圖 C-3

圖 C-4

陰陽劍圈法

　　手背朝上，為之陰劍。陰劍圈，先帶後刺。手心朝上，為之陽劍。陽劍圈，先刺後帶。陰陽兩劍圈，皆須單行熟練。此勢之要，在身退而劍進，身避而劍刺也。陰手為抽，陽手為帶。

六、武當劍單練套路動作圖解

武當劍術動作名稱

預備勢

1. 提手上勢
2. 瞻望前程
3. 仙人指路
4. 平伏地錦
5. 白蛇出洞
6. 敬德指鞭
7. 鳳凰展翅
8. 白蛇纏身
9. 黃龍翻身
10. 靈貓撲鼠
11. 繡女級針
12. 平伏地錦
13. 白蛇出洞
14. 敬德指鞭
15. 金雞抖翎
16. 推窗望月
17. 鳳凰旋窩

18. 朝天攀香
19. 果老騎驢
20. 黃龍翻身
21. 靈貓撲鼠
22. 繡女級針
23. 撥草斬蛇
24. 紫燕入巢
25. 敬德指鞭
26. 金雞抖翎
27. 推窗望月
28. 懷中抱月
29. 送鳥上林
30. 抱笏朝王
31. 鳳凰展翅
32. 太公釣魚
33. 犀牛擺尾
34. 黃蜂出洞
35. 抱虎歸山

武當劍術動作圖解

預備勢

設面南背北方向。兩腳跟靠攏，腳尖分開約 60°角，兩腿伸直，立正勢。上體自然正直，左手反持劍垂於身體左側，左臂與上體約成 25°角，與劍身亦約成 25°角；右手捏劍指垂於身體右側，手心向裡；眼平視前方（圖 D-1）。

【要點】

頂平項直，沉肩垂肘，直背立腰，呼吸自然；左手持劍豎直，不可左右歪斜及貼靠身體。

圖 D-1

1. 提手上勢

①左腳向前上一步，全腳掌著地，膝部微屈，右腳不動，身體重心移於右腿上，屈膝半蹲成左三七步（體重大部分落在後腿上，小部分落在前腿上）。同時左手持劍向前平舉於體前，高與肩平，手心朝下，劍尖朝後；右手劍指屈肘貼靠右腰側，手心朝上；眼視左手（圖 D-2）。

②上動不停，左腳外撇，上體隨之半面左轉向東南；同時左手持劍屈肘舉至胸前，手心朝下，劍尖仍朝後；右手劍指隨之由腰側向右、向下、向前、向左畫弧擺動至左手下，手心相對，如抱球狀；眼仍視左手（圖 D-3）。

圖 D-2

圖 D-3

圖 D-4

③上動不停，右腳向正南前方上一步，左腳繼之跟進
與右腳併步站立。在併步的同時，上體轉向正南，右手劍指
由下向前、向上畫弧擺動至頭頂右上方翻腕亮指，手指朝
東，手心朝上，臂微屈；左手持劍由胸前向下、向後伸臂垂
於身體左側，手心朝後；眼隨右手擺動前視後再轉視正東
（圖D-4）。

【要點】

①②③動作要連貫、完整；腰部旋轉須鬆活，臀部不得
左右擺動或撅起；右手劍指上翻亮起與頭部左轉眼視動作要
一致。

圖 D-5

2. 瞻望前程

① 承上勢，身體直立與左手持劍仍同上勢不變；右手劍指由上向右側下落伸臂向西指出，高與肩平，手心朝下；眼隨之視向正西（圖 D-5）。

② 上動不停，上體左轉向東，重心移於右腿上，屈膝半蹲；左腳隨之向東上一步，全腳掌著地，膝部微屈，成左三七步。同時右手劍指由右向下屈肘收至右腰側，手心朝上；左手持劍仍垂於身體左側；眼視正東（圖 D-6）。

圖 D-6

③上動不停，左腳外撇，身體重心隨之前移至左腿上，屈膝半蹲；右腳繼之向東邁進一步，全腳掌著地，膝部微屈，成右三七步。同時右手劍指由腰側向正東前方伸臂平指，高與鼻平，手心朝下；左手持劍仍成上勢不變；眼視正東（圖 D-7）。

【要點】

①②動作須連貫，兩腿虛實變換要分清；右手前指時，右肩要稍向前順，上體微向左轉。

圖 D-7

3. 仙人指路

承上勢，右腳向後退一步，上體隨之向右後轉 180°，面向正西，兩腳碾地轉動使右腿屈膝前弓，左腿在後挺膝伸直，成右弓步。同時右手劍指由前向後屈肘收回經右腰側向西指出，高與鼻平，手心朝下；左手持劍隨之轉動仍成上勢不變；眼視正西（圖 D-8）。

【要點】

弓步與右手指出時要協調一致。

4. 平伏地錦

① 承上勢，上體左轉向南，兩腿以右腳跟和左腳前掌同時碾地變成半馬步。左手持劍與右手劍指也隨之屈肘抱於胸前成接劍勢，左手持劍在上，右手劍指在下貼於劍柄處，

圖 D-8

圖 D-9

兩手心斜相對，劍平置於左肘下；眼視劍尖（圖 D-9）。

圖 D-10

②上動不停，右腿挺膝伸直，左腿屈膝前弓，身體重心前移成左弓步。同時右手貼握劍柄與左手持劍向前平伸刺出；眼視劍尖（圖D-10）。

③上動不停，右腳向後外撇約60°，身體重心後移至右腿上，屈膝全蹲，左腿隨之伸直平鋪地面，腳尖內扣成左仆步。同時右手接劍臂內旋翻轉成平劍下壓於左腿裡側，手心朝下；劍尖略高於手腕；左手成劍指貼於右手腕上，手心朝下，眼視劍尖（圖D-11）。

【要點】

兩手握劍前刺成左弓步時，要蓄勁緩刺，上體不可過於前探，肩要鬆沉；仆步壓劍時，力點要貫注於劍身二分之一偏後處。

5. 白蛇出洞

①承上勢，左腳外撇約90°，身體重心前移至左腿上，

圖 D-11

圖 D-12

右腳向左腿前蓋步，腳尖外撇，左腿隨之屈膝全蹲，腳跟抬起，兩大腿相疊，臀部貼近左腳跟成歇步。同時右手持劍向正東前方刺出；手心朝下，劍尖高與右膝平；左手劍指貼於右手前臂上，手心朝下；眼視劍尖（圖 D-12）。

圖 D-13

【要點】

右腳向左腿前蓋步時，身體不可起伏太大；劍前刺時，劍尖略高於手腕。

6. 敬德指鞭

承上勢，右腳不動，身體重心前移至右腿上，屈膝半蹲，左腳向正東上一步，腳尖著地，膝部微屈，成左虛步。同時右手持劍臂內旋由下向上、向後屈肘提拉至頭部右上方，手心朝外，拇指一側朝下，劍尖略高於手腕；左手劍指隨之屈肘上舉至右肩前，指尖斜上朝劍柄，手心朝外，拇指一側朝下；眼視劍鋒（圖 D-13）。

【要點】

劍向上提時，微向後拉，力點在劍鋒下刃處；上體同時微向右轉，沉肩垂肘。

圖 D-14

7.鳳凰展翅

① 承上勢，左腳踏實，腳尖外撇約 50°；上體隨之向前、向左旋胯轉腰，重心前移至左腿上，微向前傾；右腿在後隨之伸直，腳跟抬起，兩腿成交叉步站立。同時右手持劍臂外旋由後向東北方成螺旋狀鑽出前刺，劍尖高與鼻平，手心朝上；左手劍指由右肩前向下、向左、向後畫弧擺動上舉，手心朝上，指尖朝後；眼視劍尖（圖 D-14）。

圖 D-15

②上動不停，右腳向東南上一步踏實，身體重心隨之移於右腿，左腳跟離地抬起，兩腿自然伸直。同時右手持劍由東北向東南平擺摜擊，劍尖高與鼻平，手心朝上；左手劍指仍伸舉在左後方，手心朝上；眼視劍鋒（圖 D-15）。

【要點】

劍向東北鑽刺時，要加擰螺釘狀，既鑽且刺；劍向東南平摜擊出時，須在平擺中抖腕突擊，力點在劍峰上刃。

8. 白蛇纏身

①承上勢，左腳稍向後移步踏實，身體重心後移於左腿上，屈膝半蹲，右腿隨之伸直，腳尖微向內扣，成半仆步。同時右手持劍由前向後、向下臂內旋翻轉平壓於右腿內側，劍尖略高於手腕，手心朝下；左手劍指隨之臂內旋翻轉

圖 D-16

上舉於左後方，手心朝下；眼視劍身（圖 D-16）。

　　②上動不停，身體略上起，右手持劍以手腕為軸，由下向身體左側後方、向上、向前、向下畫一立圓反劈，手心朝上（此勢右手以拇指與其餘四指把握劍柄兩側，圖 D-17①）。同時右腿屈膝前弓，左腿蹬直，成右弓步，身體重心移於右腿；左手劍指臂外旋使手心朝外，仍上舉於左後方；眼視劍身前端（圖 D-17②）。

　　【要點】

　　①②動作要連貫，持劍畫圓手腕要鬆活，動作稍緩；弓步反劈時，動作要迅速果斷，力點在劍身二分之一偏前處。

圖 D-17①

圖 D-17②

圖 D-18①

9. 黃龍翻身

① 承上勢，身體重心微向後移，右腳尖外撤，右腿屈膝半蹲，左腳隨之屈膝前跪（膝貼近地面），腳前掌著地，腳跟抬起。同時上體向前俯身右轉，右手持劍臂內旋轉腕上挑，斜立於右肩前（仍以拇指和其餘四指把握劍柄兩側），手心朝左；左手劍指隨之變掌以拇指和中指貼附於劍柄內側，拇指在上，中指在下，左手虎口貼在右手拇指背上（圖D-18①）；眼視劍鋒（圖D-18②）。

圖 D-18②

②上動不停，身體重心移於右腿，左腳向東南上一步，腳尖內扣，膝部自然伸直，右腿仍屈膝半蹲，成橫襠步。同時兩手握劍隨上體繼之右轉微向上舉；眼視劍鋒（圖D-19）。

③上動不停，身體重心移於左腿，右腳由左腿後向東南倒插一步，上體隨之由右向後翻轉180°，面朝東南，兩腿成右弓步。同時右手持劍由右肩上方向右、向後、向下翻轉至東南下方刺出，手心朝上，劍尖略低於膝；左手仍成劍指指在劍鐔後，手心朝下；眼視劍尖（圖D-20）。

【要點】

翻身動作要快速穩健，圓活連貫；左腳上步與右腳倒插步均向東南邁進；弓步下刺上體不可前俯。

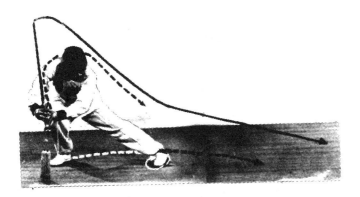

圖 D-19

圖 D-20

圖 D-21

10. 靈貓撲鼠

① 承上勢，上體左轉，左腳向東北上半步，腳尖外撇，右腳隨之腳跟抬起，兩腿屈膝半蹲，前後交叉。同時右手持劍臂內旋翻腕下壓，手心朝下，劍尖高於鼻平；左手劍指仍指於劍鐔後，手心朝下；眼視劍尖（圖 D-21）。

圖 D-22

②上動不停,右腳繼之向東北上一步,左腿隨之挺膝伸直,成右弓步。同時右手持劍略向後收,再向前、向上刺出,手心朝下,劍尖高與眉平;左手劍指仍指於劍鐔後,手心朝下,眼視劍尖(圖D-22)。

【要點】

左腳上步與右手持劍下壓要一致;右弓步上刺時,劍蓄勁徐徐刺出。

圖 D-23

11. 繡女紉針

承上勢，上體左轉，面向西北，右腳隨之內扣，兩腿屈膝半蹲成馬步。同時右手持劍屈肘向左手臂下平刺，劍尖略超至左肘前方，手心朝下；左臂屈肘橫於胸前，劍指手心朝下；眼視劍尖（圖D-23）。

【要點】

平刺時，右手持劍應隨上體左轉之勢先向左輕抖手腕，將劍折回而後緩緩刺出，上體要正，胸部微含。

12. 平伏地錦

①承上勢，身體重心稍向前移至左腿上，同時右手持劍由左肘下向前平抹，手心朝下；左手劍指隨之貼按在右小臂上，手心朝下；眼視劍尖（圖D-24）。

圖 D-24

圖 D-25

②上動不停，動作與第四式「平伏地錦」第③節相同；惟右手持劍回帶下壓，無手臂內旋動作，兩手心仍朝下；眼仍視劍尖（圖 D-25）。

【要點】

與前「平伏地錦」同，惟方向朝西。

圖 D-26

13. 白蛇出洞

動作說明及要點均與第五式「白蛇出洞」相同,惟方向朝西(圖 D-26)。

14. 敬德指鞭

動作說明及要點均與第六式「敬德指鞭」相同,惟左腿屈膝提起,腳尖朝下,腳面繃平,右腿支撐獨立,方向朝西(圖 D-27)。

15. 金雞抖翎

①承上勢,兩腿仍成獨立勢不動,上體右轉向後;同時右手持劍隨上體右轉,向東北後方下點,左手劍指向前伸臂指出,兩手心均朝外;眼視劍尖(圖 D-28)。

圖 D-27

圖 D-28

圖 D-29

②上動不停，左腳向西南落步，腳尖外撇，上體左轉面向西南，微前傾，右腳跟隨之離地抬起，兩腿略蹲成交叉步。同時右手持劍由後向下、向前畫弧撩起，手心朝上，高與眼平；左手劍指隨之由前向下、向後畫弧擺舉，手心斜朝上；眼視劍鋒（圖D-29）。

【要點】

①②動作要連貫，點劍力點在劍尖；撩劍力達劍鋒下刃。

圖 D-30

16. 推窗望月

承上勢，右腳向西南上步，左腳隨之向右腿後倒插，兩腿前後交叉。同時右手持劍以腕關節為軸使劍尖從右向後經右耳上方向左、向前環繞一周反崩至右側上方，臂順勢內旋伸直，手心朝下；左手劍指隨之由後向上、向前、向下、向後畫弧上舉，臂微屈，手心朝上；兩腿亦隨之屈膝下蹲成歇步，上體稍左傾；眼視劍鋒（圖D-30）。

【要點】

反崩劍，力達於劍鋒下刃。

圖 D-31

17. 鳳凰旋窩

承上勢，身體直起，以兩腳掌為軸碾動，使上體左轉，面向正西，兩腿變換成左弓步。同時右手持劍，手心朝下，直臂隨體旋轉平抹；左手劍指隨之平伸向後，手心朝下；眼視劍鋒（圖 D-31）。

【要點】

抹劍高與肩平，速度均勻，力達於劍身上刃。

圖 D-32

18. 朝天擎香

①承上勢，上體右轉，面向正北，重心移於右腿，左腳尖內扣，左腿伸直，右腿屈膝半蹲，成橫襠步。同時右手持劍回抽平於面前，臂順勢內旋，手心朝外；左手劍指由後向下、向左前舉，高與肩平，手心朝下；眼視劍尖（圖 D-32）。

②上動不停，上體左轉，面向西北，重心移於左腿，左腿屈膝前弓，右腿伸直，成左弓步。同時右手持劍手腕下沉使劍尖向上、向右、向前、向左弧形擺動，臂順勢外旋，劍身豎直於左膝上方，手心朝裡；左手劍指隨之變掌，屈肘握

圖 D-33

在右手指外，兩臂環抱，手腕略低於胸；眼視劍身（圖D-33）。

【要點】

立抱劍，力達劍身中部。

19. 果老騎驢

承上勢，右腳不動，身體重心後移於右腿上，屈膝微蹲，左腳隨之提起收回至右腳前落步，腳尖點地，腳面繃平，成左虛步。同時右手持劍由前屈臂後收向左腳前方下點，劍尖斜朝下，手心朝裡，腕高與腰平；左手掌隨之托於右手下，手心朝上，臂微屈；眼視劍尖（圖D-34①正面、D-34②反面）。

【要點】

圖 D-34① (正面)

圖 D-34② (反面)

點劍時，腕部用力，力達劍尖，劍不要有大的擺動。

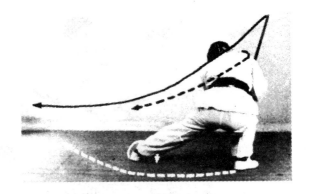

圖 D-35

圖 D-36

20. 黃龍翻身

動作說明及要點與第九式「黃龍翻身」第②③節相同，
惟劍朝西北刺出（圖 D-35、D-36）。

圖 D-37

圖 D-38

21. 靈貓撲鼠

動作說明及要點與第十式「靈貓撲鼠」第①②節相同，惟劍朝西南刺出（圖 D-37、D-38）。

圖 D-39

22. 繡女紉針

動作說明及要點與第十一式「繡女紉針」相同，惟面向東南（圖 D-39）。

23. 撥草斬蛇

①承上勢，上體左轉，重心移於左腿，右腳隨之向東南上步，腳尖外撇，兩腿前後交叉屈膝半蹲，左腳跟離地抬起，成歇步。同時右手持劍由胸前向身體左側後方平伸使臂外旋向下、向前、向右畫弧平掃，劍身略高於踝關節，手心朝上；上體亦隨之右轉，左手劍指由胸前向左、向後擺動上舉，手心朝上；眼視劍身（圖 D-40）。

②上動不停，上體繼之右轉，面向正南，重心移於右腿；同時右手持劍臂內旋使劍側立由前向身體右側後抽，手心朝裡，左手劍指隨之由後屈肘向前附於右前臂上，手心朝

圖 D-40

圖 D-41

下；眼視劍身（圖 D-41）。

【要點】

右腳上步與掃劍須一致，力達劍身上刃；上體右轉與劍後抽須一致，力達劍身下刃。

圖 D-42

24. 紫燕入巢

承上勢，左腳向東南上步，右腳隨之向左腿後插步跟
進，腳跟抬起，兩腿前後交叉，屈膝下蹲，身體重心坐於右
腿上，成歇步。同時右手持劍向東南前方下刺，手心朝左；
左手劍指隨之向前、向上、向下畫弧仍附於右前臂上，手心
朝下；眼視劍尖（圖 D-42、D-43）。

【要點】

右腳插步與刺劍須一致。

25. 敬德指鞭

動作說明及要點與第十四式「敬德指鞭」相同，惟方向
朝東南（圖 D-44）。

圖 D-43

圖 D-44

圖 D-45

26. 金雞抖翎

動作說明及要點與第十五式「金雞抖翎」相同，惟劍尖向西北點出後，繼之向東南撩起（圖 D-45、D-46）。

27. 推窗望月

動作說明及要點與第十六式「推窗望月」相同，惟劍向東南崩出（圖 D-47）。

圖 D-46

圖 D-47

圖 D-48

28.懷中抱月

　　承上勢，身體略起，重心仍在左腿，右腳向東南上一步，全腳著地，腳尖內扣，膝部伸直；左腿隨之屈膝全蹲，成右仆步。同時右手持劍以腕關節為軸，使劍尖由右前方向下、向左、向上、向右前方環繞一周，抱於胸前，臂順勢外旋，手心朝裡，劍斜舉於右側上方，劍尖略高於頭部；左手劍指由頭部上方下落，附於右手腕裡側；眼視劍鋒（圖 D-48）。

　　【要點】

　　抱劍時，兩臂要屈肘圓撐，力達劍鋒下刃。

圖 D-49

29. 送鳥上林

承上勢,身體直起,重心移於右腿上,右腿伸直獨立,左腿隨之屈膝提起,腳尖朝下,腳面繃平。同時右手持劍由胸前和東南斜上方反手刺出,臂伸直,手心朝後,小指一側朝上;左手劍指隨之向西北伸臂指出,手心朝右,拇指一側朝上;眼視劍尖(圖D-49)。

【要點】

上刺劍,力達劍尖,與提膝動作要協調一致。

圖 D-50① （正面）

30. 抱笏朝王

承上勢，左腳向西北落步，上體左轉向北，重心移於左腿上，屈膝半蹲，右腳隨之向正北上一步，落於左腳前，腳尖點地，腳面繃平，膝部微屈，成右虛步。同時右手持劍由東南上方向北斜帶下落至體前，劍身斜向外成豎劍，劍尖高與頭平；左手劍指隨之變掌由左向體前合抱於右手指外，成立抱劍勢，兩手心朝裡，兩臂微屈，上體微前傾；眼視劍尖（圖 D-50①正面、D-50②反面）。

【要點】

立抱劍時，劍身要略向外壓，力達劍脊中部。

圖 D-50② （反面）

31.鳳凰展翅

承上勢，右腳向東南後撤一步，上體右轉，右腿屈膝前弓，左腳跟隨之外轉，左腿挺膝伸直，成右弓步。同時右手持劍由體前向東南斜削擊出，手心斜朝上，劍尖斜向上，高與頭平；左手劍指隨之向左伸臂平展，手心斜朝下；眼視劍鋒（圖 D-51）。

【要點】

擊劍動作須在斜削中突然抖腕擊出，力達劍峰上刃。

圖 D-51

32. 太公釣魚

承上勢，左腳外撇，上體左轉，重心移於左腿上，左腿伸直獨立，右腿隨之屈膝提起至體前，腳尖朝下，腳面繃平。同時右手持劍由上向體前上點，手心朝左，手腕高與肩平；左手劍指由左屈肘收回附於右前臂上，手心朝下；眼視劍尖（圖 D-52）。

【要點】

點劍須腕部用力，劍不要有大的擺動；右肩前順，動作要快。

33. 犀牛撅尾

①承上勢，右腳在左腳前落步，腳尖外撇，兩腿交叉屈膝半蹲，左腳跟抬起，上體略前俯。同時右手持劍由上向下

圖 D-52

圖 D-53

壓至右膝前，手心朝左，手腕下沉，劍尖上翹；左手劍指仍
附於右前臂上隨之下按；眼視劍身（圖 D-53）。

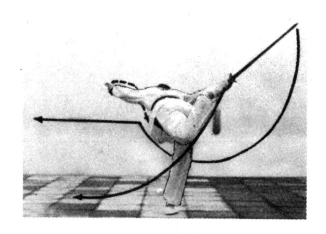

圖 D-54

②上動不停，右腿原地立起，膝微屈，左腿隨之在身後屈膝使小腿勾起，腳底朝上，腳面繃平。同時上體前俯向右擰轉，右手持劍由前經身體右側向後反崩，小指一側朝上；左手劍指隨之向前指出，拇指一側朝上；眼視劍鋒（圖D-54）。

【要點】

①②動作要連貫；劍下壓時，力點在劍身下刃二分之一偏後處；反崩劍時，動作要快，腕部用力，力達劍鋒下刃。

圖 D-55

34. 黃蜂出洞

承上勢，左腳向北偏西上一步，左腿屈膝前弓，右腿挺膝伸直，成左弓步。同時右手持劍由後向前直刺，手心朝左，手腕高與肩平；左手劍指隨之由前收回，附於右前臂內側，手心朝下；眼視劍尖（圖 D-55）。

【要點】

刺劍時，兩肩要平，右肩前順，力達劍尖。

圖 D-56

35. 抱虎歸山

①承上勢，上體右轉向後略俯，兩腳原地碾轉成右弓步，重心移於右腿上。同時右手持劍由前向上、向後畫弧直臂下劈，略高於踝關節，手心朝左；左手劍指隨之仍附於右前臂上，手心朝下；眼視劍身（圖 D-56）。

圖 D-57

②上動不停，上體復向左轉約180°直起，兩腳原地碾轉成左弓步，重心移於左腿。同時右手持劍由劈勢直向右腿內側旁抽回，劍尖斜朝下；左手劍指隨之指向身體前方，手心朝下，高與鼻平；眼平視前方（圖 D-57）。

【要點】

轉身後劈劍時，力達劍身中部下刃；劍回抽時，要隨上體左轉平抽而起。

圖 D-58

36.鸞鶯踩蓮

①承上勢，左腳內扣，上體右轉向後，重心仍在左腿上，屈膝略蹲，右腳隨之撤回半步，腳尖點地，腳面繃平，成右虛步。同時右手持劍與左手劍指仍成上勢不變；眼視劍尖（圖 D-58）。

②上動不停，右腳經左腿前向北偏西側行蓋步，腳尖外撇，左腳跟離地抬起，兩腿屈膝半蹲，上體重心落於右腿上，略前俯。同時右手持劍收回至體前上崩，手心朝外；左手劍指隨之收回，附於右前臂上，手心朝下，兩臂微屈；眼視劍尖（圖D-59）。

③上動不停，上體略起，右手持劍與左手劍指同時左右

圖 D-59

圖 D-60

伸臂分開；繼之左腳向北偏西側上一步，左腿屈膝前弓，右
腿挺膝伸直，成左弓步。與此同時右手持劍與左手劍指復由
兩側向體前收回，成崩劍勢；要求同②節動作（圖 D-
60）。

圖 D-61

圖 D-62

④⑤節動作為重複式,與②③節動作相同,惟④節由③節「左弓步上崩劍」接做「蓋步上崩劍」動作(圖 D-61、D-62)。

圖 D-63

【要點】

此式為「鷺鷥踩蓮」的連續動作。劍上崩時，右腕須猛力下沉，劍尖翹起上崩，劍尖高不過肩，力達劍尖。

37. 青龍吸水

承上勢，右腳向北偏西上步，左腳繼之向右腿後倒插一步，上體隨之左轉向後，面向東南，重心落於左腿上，右腳再撤回半步，腳尖點地，腳面繃平，成右虛步。同時右手持劍由下向西北撩起不停，繼之向上、向東南直臂弧形繞行下劈，停於右腳前，手心朝左；左手劍指隨之向西北、向上、向東南、向下、向後上方畫弧擺動，向前落於右前臂內側，手心朝下，臂微屈；眼視劍身（圖 D-63、D-64）。

圖 D-64

【要點】

右手持劍撩起時，肩要前順，前臂外旋；翻身下劈時，須快速圓活，撩劈動作要連貫，力達劍身下刃。

38. 青龍入海

①承上勢，左腳不動，上體微向左轉，右腳後撤至左腳內側前，腳尖點地，腳面繃平，成右丁步。同時右手持劍由右腳前向左斜帶，手與腰平，手心朝上，劍尖斜朝右下方；左手劍指順勢向後上舉，手心朝上，臂微屈；眼視劍身（圖D-65）。

②上動不停，左腳仍不動，右腳向東南邁步，右腿屈膝前弓，左腳挺膝伸直，成右弓步。同時右手持劍由腹前向右膝前方畫弧下伸，手心朝上，劍尖略低於右膝；上體順勢微前傾，重心移於右腿上；左手劍指隨之伸臂仍上舉於身後，略高於頭，手心朝外；眼視劍尖（圖D-66）。

圖 D-65

圖 D-66

圖 D-67

③上動不停，右腳不動，左腳向右腿後倒插一步，腳尖蹬地；同時右手持劍由右腿前向身體左側繞攪，屈肘收回，手與腰平，手心朝上，劍尖斜朝右下方；左手劍指隨之屈肘收回，附於右腕上，手心朝下；上體微前傾；眼視劍身（圖D-67）。

④⑤節動作為重複式，與②③節動作相同（圖 D-68、D-69）。

⑥節動作亦為重複式，與②節動作相同（圖 D-70）。

【要點】

此式為「青龍入海」的連續攪劍動作，力達劍鋒下刃。

圖 D-68

圖 D-69

圖 D-70

39. 雄鷹展翅

①承上勢，兩腿仍成右弓步不動，右手持劍由下向右、向上、向左攪劍畫圓翻腕，至正東橫格上架，手心朝外，腕與眼平，劍尖朝北，略高於手腕；同時左手劍指屈肘收回，附於右腕上，手心朝外；上體隨之直起；眼視斜身（圖D-71）。

②上動不停，左腳由後經右腿前向正東蓋步，右腳跟離地抬起，兩腿交叉膝部微屈；上體微向左轉前傾，重心偏於左腿上。同時右手持劍橫格上架不變；左手劍指隨之由右腕上向身體左側屈腕下按，手心朝下，手指朝北；兩臂微屈如展翅狀；眼視左手（圖D-72①正、D-72②反）。

【要點】

右手持劍橫格上架時，須由下向前上方畫弧而起，力達劍身中部。

圖 D-71

圖 D-72①（正）

圖 D-72② (反)

圖 D-73① (正)

40. 抱虎歸山

①承上勢，兩腳不動，右手持劍由東向西下刺，手心朝裡，手腕高與左胯平；同時左手劍指屈肘收回附於右前臂

圖 D-73② (反)

圖 D-74

上，手心朝下，兩臂微屈；眼視劍尖（圖 D-73①正、D-73
②反）。

　②上動不停，右腳向東上步，右腿屈膝前弓；左腿隨之
挺膝伸直，成右弓步。同時上體右轉向東，重心移於右腿
上；右手持劍由西向上、向東直臂下劈，劍身略高於踝關
節，手心朝左；左手劍指隨之仍附於右前臂上，手心朝下；
眼視劍身（圖 D-74）。

圖 D–75

③節動作與第 35 式「抱虎歸山」第②節動作相同，惟左手劍指朝西指出（圖 D–75）。

【要點】

與第 35 式「抱虎歸山」相同。

41. 敬德拉鞭

①承上勢，兩腿微起，右腳經左腿前向西側邁一步，左腳跟隨之離地抬起；同時上體右轉向北，右手持劍與左手劍指仍保持上勢不變，眼視劍尖（圖 D–76）。

②上動不停，左腳經右腿後向西側邁一步，繼之右腳再向西上一步，如此交替側行五步止，上體與兩臂姿勢仍保持同前狀；惟右手持劍隨步法逐漸向上提起；眼視劍尖（圖 D–77、D–78、D–79、D–80、D–81）。

【要點】

側行步時，上體要保持平穩，不得左右擺動。

圖 D-76

圖 D-77

圖 D-78

圖 D-79

圖 D-80

圖 D-81

圖 D-82

42. 金雞食米

①承上勢，左腳尖內扣，左腿屈膝半蹲，上體右轉向東，右腳隨之撤回半步至左腳前，腳尖點地，腳面繃平，成右虛步。同時右手持劍以腕為軸由下向左、向上畫弧前點，臂微屈，手心朝左，手腕高與鼻平；左手劍指隨之由西向東屈肘收回，附於右前臂上，手心朝上；眼視劍尖（圖 D-82）。

②上動不停，右腳向前墊進半步，左腳跟隨之離地抬起，身體重心前移於右腿上；同時右手持劍微向回收使劍尖上翹，手腕略沉；繼之不停復向前點劍，手腕高與鼻平，手心朝左；左手劍指隨右臂屈伸而動，仍附於右前臂上，手心朝下；眼視劍尖（圖 D-83）。

③節動作與②節動作相同，惟上左腳點劍（圖 D-

圖 D-83

圖 D-84

84）。

圖 D-85

④節動作與②節動作相同（圖 D-85）。

⑤上動不停，身體重心仍在右腿上，屈膝半蹲，左腳向右腳前上步，腳尖點地，腳面繃直，成左虛步。同時右手持劍繼之向前下點，手腕高與鼻平，手心朝左；左手劍指仍隨右臂屈伸而動，附於右前臂上；眼視劍尖（圖 D-86）。

【要點】

此式為連續進步點劍動作，兩腳交替上步時，腳尖微外撇；點劍時，須腕部用力，力達劍尖；兩臂屈伸動作幅度不可過大。

43. 白蛇倒行

①承上勢，左腳向後退一步，身體重心移於左腿上，屈膝半蹲。右腳跟隨之離地抬起，腳尖點地，腳面繃平，成右

圖 D-86

虛步。同時右手持劍以腕向左、向下、向右、向上繞圓攪劍，手心朝下，劍尖如定點懸空畫圈，高與眼平；左手劍指隨之在劍鐔後向下、向左、向上、向右繞圓協動，手心朝下，手指朝前；眼視劍尖（圖 D-87、D-88）。

②節動作與①節動作相同，惟右腳向後退一步（圖 D-89、D-90）。

③節動作與①節動作相同（圖 D-91、D-92）。

【要點】

此式為連續退步攪劍動作，②③節動作可重複做一次；攪劍時，劍尖似原處畫圈，動而不顯，手腕繞圓不可太大，如纏絲狀；力點在劍鋒上刃。

圖 D-87

圖 D-88

圖 D-89

圖 D-90

圖 D-91

圖 D-92

圖 D-93

44. 推舟離海

①承上勢，右腳由東撤回向南偏西方向邁步，右腿屈膝前弓，左腿隨之挺膝伸直，成右弓步。同時上體右轉向南，重心移於右腿上；右手持劍由東向下、向南畫弧橫格上架，臂內旋，手心朝外，劍尖高與眼平；左手劍指隨之附於右腕上，手心朝外；眼視劍鋒（圖 D-93）。

②上動不停，身體重心前移；左腳向南上步，繼之兩腳交替由南向東弧行前進；同時右手持劍與左手劍指仍成上勢隨步而進，如推舟狀；眼視劍鋒（圖 D-94、D-95、D-96、D-97）。

圖 D-94

圖 D-95

圖 D-96

圖 D-97

圖 D-98

③上動不停，左腳向東北上步，腳尖外撇，右腳跟隨之
離地抬起，兩腿前後交叉屈膝略蹲；身體重心前移至左腿
上。同時右手持劍順勢向東北探刺，手心朝右，小指一側朝
上；左手劍指隨之由右前臂向左、向後直臂擺舉，手心朝
後，小指一側朝上；眼視劍尖（圖 D-98）。

圖 D-99

④上動不停，左腳不動，右腳繼向東北上一步，右腳屈膝前弓，左腿隨之挺膝伸直，成右弓步。同時右手持劍以腕為軸，臂外旋使劍由左向上、向右、向前畫弧平斬，手心朝上，高與肩平；左手劍指隨之外旋，手心朝外，仍斜上舉於身後；眼視劍尖（圖 D-99）。

【要點】

①②③動作要連貫，行步要平穩，上體微前傾；平斬劍時，力達劍鋒下刃。

圖 D–100

45. 黃龍絞水

①承上勢，右腳由東北向西後退一步，上體隨之右轉向東，重心移於右腿上，屈膝半蹲；左腿隨之稍向後撤，膝部微屈，全腳掌著地，成左三七步。同時右手持劍由前經左向右側下方畫弧斜抽至右肋前，臂順勢內旋，手心朝下，劍尖略高於手；左手劍指由後經左前方向右屈肘附於右前臂上，手心朝下；眼視劍鋒（圖 D–100）。

②上動不停，左腳向後退一步，身體重心移於左腿上，屈膝半蹲；右腳跟隨之原地外轉，膝部微屈，成右三七步。同時右手持劍臂外旋由右向左平帶至左肋前，手心朝上，劍尖略高於手；左手劍指隨之向左畫弧分開，臂微屈，手心朝外，小指一側朝上，高與耳平；眼視劍鋒（圖 D–101）。

圖 D-101

圖 D-102

③節動作與①節動作相同（圖 D-102）。

圖 D-103

圖 D-104

④⑤節動作與②③節動作相同（圖 D-103、D-104）。

【要點】

左右抽帶劍時，要以腰胯旋轉帶動，力達劍身下刃。

圖 D–105

46. 烏龍擺尾

①承上勢，以左腳跟和右腳前掌為軸碾地，左腳尖外撇，右腳跟抬起，上體左轉向北，兩腿交叉略蹲。同時右手持劍屈腕使手心朝裡，劍尖朝下，臂外旋，使劍由右側向裡抄起於腹前；左手劍指順勢屈肘上舉至頭部左上方，手心朝外，小指一側朝上；眼視劍尖（圖 D–105）。

②上動不停，右腳由後經左腳前向西北上步，腳尖外撇，左腳跟隨之抬起。同時右手持劍由腹前向左平穿經身前向右屈肘、屈腕畫弧平擺崩劍，高與胸平，劍尖略高於手腕，手心朝上；左手劍指由上向右、向下、向左、向上畫圓擺動至頭部左上方，仍成上勢不變；眼隨劍尖轉動注視（圖 D–106）。

圖 D-106

【要點】

崩劍時，要抖腕擊出，力達劍尖。

47. 葉底摘桃

①承上勢，右手持劍與左手劍指仍保持上勢不變，左、右腳相繼向北、向東、向南弧形行走四步（圖 D-107、D-108、D-109、D-110）。

②上動不停，左腳再向右腳前扣步，上體稍向右轉並立起。同時右手持劍屈肘向頭頂上方舉起，以腕關節為軸，使劍尖由右向後、向左弧形平繞雲劍；左手劍指則在右手持劍上舉時附於右前臂上（圖 D-111）。

③上動不停，以左腳前腳掌為軸碾地，使身體由右向後轉向東北，右腳隨之離地屈膝提起。同時右手持劍與左手劍指一起由頭頂上方向胸前平落，劍平落於左臂外側，劍尖朝左後方，兩手心均朝下（圖 D-112）。

圖 D–107

圖 D–108

六、武當劍單練套路動作圖解▷ 125

圖 D-109

圖 D-110

圖 D-111

圖 D-112

圖 D–113① (正面)

④上動不停，右腳向東南落步，右腿屈膝半蹲，左腿挺膝伸直成右弓步，上體右轉向東。同時右手持劍與左手劍指一齊將劍向右耳側屈肘提起，手心朝右，劍尖朝前下方；眼視劍尖（圖 D–113①正、圖 D–113②反）。

【要點】

行步時，上體微前傾，兩腿略蹲；雲劍要平。

48.撥草尋蛇

承上勢，身體直起，左腳稍向後移動，右腳隨之撤至左腳內側，腳尖點地，腳面繃平，兩腿屈膝下蹲，成右丁步。同時右手持劍與左手劍指一齊以腕關節為軸，使劍尖由前向下經身體左側向後、向上、向前圓形繞行，至前方時兩臂下沉，將劍平抱於腹前下方，劍尖朝前，手心朝左；眼視劍鋒（圖 D–114）。

圖 D-113② (反面)

圖 D-114

【要點】

丁步時，兩腿虛實要分明；抱劍力達劍鋒下刃。

圖 D-115

49. 靈貓撲鼠

①承上勢，上體右轉向東南，右手持劍與左手劍指一齊由腹前稍向前伸，並在前方分向兩側，繼之不停向後、向裡直臂弧形平繞，停於兩胯側旁，劍尖與劍指均朝身前，手心朝下。同時右腳向左腳前方橫跨一步；左腳跟順勢離地抬起，兩腿交叉微蹲；眼平視東南（圖 D-115）。

圖 D-116

②上動不停,左腳由身後繞過右腳內側向東南上步,左腿屈膝半蹲,右腳隨之挺膝伸直,成左弓步。同時右手持劍向前上方直臂刺出,手心朝下,劍尖高與頭部齊平;左手劍指亦前伸附於右前臂上,手心朝下;眼視劍尖(圖 D-116)。

【要點】

①②動作要連貫;刺劍力達劍尖。

圖 D-117

50. 撥草尋蛇

承上勢，右腳稍向右移動，左腳隨之撤至右腳內側，腳尖點地，腳面繃平，兩腿屈膝下蹲，成左丁步。同時右手持劍與左手劍指一齊由前上方屈肘收於右胯側旁，手心仍朝下，劍尖朝向身體左側；劍身橫平；眼視劍鋒（圖 D-117）。

【要點】

與第48勢相同。

51. 靈貓撲鼠

動作說明及要點與第49式「靈貓撲鼠」動作相同，惟左右相反，方向朝東北（圖 D-118、D-119）。

圖 D–118

圖 D–119

圖 D-120

52. 回身勒馬

承上勢，右腳尖裡扣，上體左轉向西，右腿屈膝半蹲；左腳在轉身後移於身前，腳尖點地，腳面繃平，膝部略屈，成左虛步。同時右手持劍臂外旋，手心朝上，屈肘、屈腕由後向上、向前弧形繞行，直臂下壓，停於右胯側旁，手心朝下，劍尖朝前，劍身平放；左手劍指順勢屈肘、屈腕由後向前、向左弧形繞行、直臂下垂，停於左胯側旁，手心朝下，手指朝前；眼平視正西（圖 D-120）。

【要點】

右手持劍弧形繞行下壓時，須力達劍鋒脊處。

53. 袖底藏針

①承上勢，左腳上半步，左腿屈膝，右腿挺膝伸直；同

圖 D-121

時右手持劍，向前平伸直刺，手心朝左，拇指一側朝上，左手劍指隨之前伸附於右腕內側；眼視劍尖（圖 D-121）。

②上動不停，右腳向前擺起，左腳蹬地跳起，身體騰空；在空中，身體由左向後轉；右手持劍臂內旋，手心朝下，屈腕使劍尖由前向左猛然用力弧形平擺，肘微屈；左手劍指隨身體轉動離開右腕，屈肘平舉於身前（圖 D-122）。

③右腳和左腳先後落地，開步站立，身體重心偏於右腿上，兩腿屈膝成半馬步。同時右手持劍停於右腰側，手心朝下，劍尖朝左，劍身橫平；左手劍指停於胸前，手心朝下，劍指朝右；眼平視正西（圖 D-123）。

【要點】

①②③節動作須連貫、快速、穩健、完整。

圖 D-122

圖 D-123

圖 D-124

54. 定海神針

①承上勢，右腳向西上步，同時身體左轉，右腿屈膝，左腿挺膝伸直。同時右手持劍，拇指一側朝上，向前直臂平伸，屈腕使劍尖向上崩起，劍尖稍高過頭，手心朝前；左手劍指隨之向前、向上、向後伸舉，劍指朝後，手心朝上；眼視劍尖（圖 D-124）。

圖 D-125

②上動不停，右手持劍使劍尖由上向後、向下弧形探刺，拇指一側朝下；同時右腳跟外轉，上體由左向後轉，左腳隨之離地向右腿後倒插一步，腳前掌著地，兩腿交迭屈膝下蹲，成歇步；左手劍指隨身轉動，由後向右、向下弧形繞行附於右前臂上，手心朝外；眼視劍尖（圖D-125）。

【要點】

崩劍須在動作行進間完成，力達劍尖。

55. 蜻蜓點水

承上勢，兩腿起立，右腳向西南上步，右腿屈膝半蹲，左腳向右腳內側靠攏，腳尖點地，腳面繃平，成左丁步。同時上體右轉向南，右手持劍由左向上、向右直臂弧形繞行下點，拇指一側朝上；左手劍指隨之由右前臂上向下、向左、向上直臂弧形繞行，屈肘橫架，手心朝外，手指朝右；眼視劍尖（圖D-126）。

圖 D-126

【要點】

點劍與丁步須協調一致，力達劍尖。

56. 左右車輪

①承上勢，左腳向東邁進半步，右腳繼之向東上步，右腿屈膝，左腿挺膝伸直，成右弓步，上體隨之左轉。同時右手持劍由後向下、向正東前方直臂弧形繞行平撩，劍尖與肩平，手心朝上；左手劍指由上經身前向下、向前、向上、向後直臂弧形繞行，斜舉於後上方；手心朝外，手指朝後；眼視劍尖（圖 D-127）。

②上動不停，身體直起，右腳離地向北邁進半步，腳尖外撇；左腳繼之向東上步，左腿屈膝，右腿挺膝伸直；上體隨之右轉。同時右手持劍由前向上、向左、向後屈肘弧形繞行，繼之不停臂內旋使劍向下、向前直臂畫弧平撩，劍尖與肩平，小指一側朝上；左手劍指順勢屈肘向下、向前附於右前臂上，手心朝右；眼視劍尖（圖 D-128）。

圖 D-127

圖 D-128

　③上動不停，身體直起，左腳離地向南邁進半步，腳尖外撇；右腳繼之向東上步，下餘動作與①節動作相同（圖

圖 D-129

D-129）。

【要點】

左右撩劍要貼近身體兩側、動作要圓活、連貫。

57.燕子銜泥

①承上勢，右腳尖裡扣，上體左轉向西；左腳跟隨之內轉使腳尖外撇，右腳跟繼之離地抬起，兩腿交迭屈膝下蹲，成歇步。同時右手持劍屈肘、屈腕使劍尖崩起上翹，並由右向上、向左、向下經左腿外側向後弧形抄掛；左手劍指順勢屈肘附於右腕拇指近側，手心朝下；視線隨劍尖移動（圖D-130）。

②上動不停，右手持劍與左手劍指一齊繼之使劍尖向上、向正西前方抄掛，兩手拇指一側均朝下，右手心朝後，左手心斜朝下；視線隨劍尖移動（圖D-131）。

③上動不停，兩腿微立起，右腳向左腳前蓋步落地，腳

圖 D-130

圖 D-131

尖外撇；左腳跟隨之離地外轉抬起，兩腿仍交迭屈膝下蹲，成歇步。同時上體順勢右轉；右手持劍臂內旋屈肘使劍向右上方提起，拇指一側朝下，手心朝外，劍尖斜向左下方，手腕高與眉平；左手劍指隨之仍附於右腕近側，手心朝外；眼視劍尖（圖 D-132①正、D-132②反）。

圖 D-132①（正面）

圖 D-132②（反面）

【要點】

①②③節動作要連貫；右手持劍上提時與右腳上步落地成歇步須一致。

圖 D-133①（正面）

58. 魚躍龍門

承上勢，兩腿起立，左腳向正西前方擺起，右腳蹬地跳起，身體騰空。在空中，身體仍保持上勢動作不變（圖 D-133①正、圖 D-133②反）；左、右腳相繼先後落地，左腳在前，右腳在後，兩腿交迭屈膝下蹲，成歇步。在兩腿落地的同時，上體右轉向北，右手持劍向左下方探刺，拇指一側朝下，手心朝外；左手劍指順勢向下、向左、向上、向右弧形繞行，仍附於右腕近側，手心朝外；眼視劍尖（圖 D-134①正、圖 D-134②反）。

【要點】

身體騰空時，右手持劍須略向右上提起；兩腳落地，成歇步與劍向左下方刺出須協調一致。

圖 D–133② (反面)

圖 D–134① (正面)

圖 D-134②（反面）

59. 倒劈華山

承上勢，兩腿立起，以左腳跟和右腳腳前掌為軸碾地，上體右轉向南，兩腿開步站立，並屈膝半蹲成馬步。在轉身的同時，右手持劍由下向右、向上屈肘弧行繞行，繼頭部上方向右側直臂劈下，拇指一側朝上，劍尖高與肩平；左手劍指順勢向左直臂伸出，拇指一側朝上，手略高於肩；眼視劍尖（圖 D-135）。

【要點】

劈劍須力達劍身下刃，臂與劍成一直線。

60. 鳳尾收劍

①承上勢，上體左轉向東，兩腿隨之以左腳跟和右腳腳前掌為軸碾地，由馬步變換為左弓步。同時右手持劍屈肘、屈腕使劍尖由右經腹前向東南抖腕平擺截出，高與胸平，手

圖 D-135

圖 D-136

心斜朝下；左手劍指順勢由前向左直臂擺舉至西北上方，拇指一側朝上；眼視劍鋒（圖 D-136）。

②上動不停，右手持劍由右向左抖腕使劍尖平擺截出，高與胸平，手心斜朝下；左手劍指與身體仍保持上勢不變；

圖 D-137

圖 D-138

眼視劍鋒（圖 D-137）。

　③上動不停，右手持劍以腕為軸使劍尖向左、向上、向前弧形繞行；臂外旋翻腕將劍平壓擊出，手心朝上，劍尖高

圖 D-139

與腹平；左手劍指同時由後向前屈肘附於劍柄上，手心朝下，手指朝右；眼視劍鋒（圖 D-138）。

④上動不停，右腳尖外撇，上體右轉向南，右腿屈膝半蹲；左腳離地移向身前，腳尖點地，腳面繃平，膝部略屈，成左虛步。同時左手劍指變掌反握劍柄將劍接回，順勢使劍尖由左向前、向下、向右、向上弧形繞行，左臂隨之屈肘下垂，手心朝後，劍身垂直於左臂後側；右手亦隨即變為劍指，由左向下、向右、向上弧形繞行，屈肘橫舉，手心朝前上方，手指朝左，眼視左前方（圖 D-139）。

【要點】

①～④節動作須連貫；左右平截劍和翻腕平壓擊出時，右手腕要靈活，力達劍鋒兩刃和劍尖。

圖 D-140

收　勢

　　承上勢，右腿直起，左腳向後退一步，同時右手劍指由上向前、向下直臂弧形繞行；繼之右腳向後退一步，同時右手劍指由下直臂向後，屈肘向上弧形繞行。最後左腳後退與右腳靠攏，仍還原成立正勢，兩腿伸直；同時右手劍指由上向身體右側直臂下落，變掌垂於右腿外側，手心朝裡；左手持劍不變；眼平視正南前方（圖 D-140）。

大展出版社有限公司
品冠文化出版社

圖書目錄

地址：台北市北投區(石牌)　　電話：(02)28236031
　　　致遠一路二段12巷1號　　　　　28236033
郵撥：01669551＜大展＞　　　傳真：(02)28272069

・少年偵探・品冠編號66

1. 怪盜二十面相　　（精）　江戶川亂步著　特價 189 元
2. 少年偵探團　　　（精）　江戶川亂步著　特價 189 元
3. 妖怪博士　　　　（精）　江戶川亂步著　特價 189 元
4. 大金塊　　　　　（精）　江戶川亂步著　特價 230 元
5. 青銅魔人　　　　（精）　江戶川亂步著　特價 230 元
6. 地底魔術王　　　（精）　江戶川亂步著　特價 230 元
7. 透明怪人　　　　（精）　江戶川亂步著　特價 230 元
8. 怪人四十面相　　（精）　江戶川亂步著　特價 230 元
9. 宇宙怪人　　　　（精）　江戶川亂步著　特價 230 元
10. 恐怖的鐵塔王國　（精）　江戶川亂步著　特價 230 元
11. 灰色巨人　　　　（精）　江戶川亂步著　特價 230 元
12. 海底魔術師　　　（精）　江戶川亂步著　特價 230 元
13. 黃金豹　　　　　（精）　江戶川亂步著　特價 230 元
14. 魔法博士　　　　（精）　江戶川亂步著　特價 230 元
15. 馬戲怪人　　　　（精）　江戶川亂步著　特價 230 元
16. 魔人銅鑼　　　　（精）　江戶川亂步著　特價 230 元
17. 魔法人偶　　　　（精）　江戶川亂步著　特價 230 元
18. 奇面城的秘密　　（精）　江戶川亂步著　特價 230 元
19. 夜光人　　　　　（精）　江戶川亂步著
20. 塔上的魔術師　　（精）　江戶川亂步著
21. 鐵人Q　　　　　（精）　江戶川亂步著
22. 假面恐怖王　　　（精）　江戶川亂步著
23. 電人M　　　　　（精）　江戶川亂步著
24. 二十面相的詛咒　（精）　江戶川亂步著
25. 飛天二十面相　　（精）　江戶川亂步著
26. 黃金怪獸　　　　（精）　江戶川亂步著

・生活廣場・品冠編號61・

1. 366 天誕生星　　　　　　　　李芳黛譯　280 元
2. 366 天誕生花與誕生石　　　　李芳黛譯　280 元

3.	科學命相	淺野八郎著	220 元
4.	已知的他界科學	陳蒼杰譯	220 元
5.	開拓未來的他界科學	陳蒼杰譯	220 元
6.	世紀末變態心理犯罪檔案	沈永嘉譯	240 元
7.	366 天開運年鑑	林廷宇編著	230 元
8.	色彩學與你	野村順一著	230 元
9.	科學手相	淺野八郎著	230 元
10.	你也能成為戀愛高手	柯富陽編著	220 元
11.	血型與十二星座	許淑瑛編著	230 元
12.	動物測驗—人性現形	淺野八郎著	200 元
13.	愛情、幸福完全自測	淺野八郎著	200 元
14.	輕鬆攻佔女性	趙奕世編著	230 元
15.	解讀命運密碼	郭宗德著	200 元
16.	由客家了解亞洲	高木桂藏著	220 元

・女醫師系列・品冠編號 62

1.	子宮內膜症	國府田清子著	200 元
2.	子宮肌瘤	黑島淳子著	200 元
3.	上班女性的壓力症候群	池下育子著	200 元
4.	漏尿、尿失禁	中田真木著	200 元
5.	高齡生產	大鷹美子著	200 元
6.	子宮癌	上坊敏子著	200 元
7.	避孕	早乙女智子著	200 元
8.	不孕症	中村春根著	200 元
9.	生理痛與生理不順	堀口雅子著	200 元
10.	更年期	野末悅子著	200 元

・傳統民俗療法・品冠編號 63

1.	神奇刀療法	潘文雄著	200 元
2.	神奇拍打療法	安在峰著	200 元
3.	神奇拔罐療法	安在峰著	200 元
4.	神奇艾灸療法	安在峰著	200 元
5.	神奇貼敷療法	安在峰著	200 元
6.	神奇薰洗療法	安在峰著	200 元
7.	神奇耳穴療法	安在峰著	200 元
8.	神奇指針療法	安在峰著	200 元
9.	神奇藥酒療法	安在峰著	200 元
10.	神奇藥茶療法	安在峰著	200 元
11.	神奇推拿療法	張貴荷著	200 元
12.	神奇止痛療法	漆浩　著	200 元

・彩色圖解保健・ 品冠編號 64

1. 瘦身　　　　　　　　　　主婦之友社　300 元
2. 腰痛　　　　　　　　　　主婦之友社　300 元
3. 肩膀痠痛　　　　　　　　主婦之友社　300 元
4. 腰、膝、腳的疼痛　　　　主婦之友社　300 元
5. 壓力、精神疲勞　　　　　主婦之友社　300 元
6. 眼睛疲勞、視力減退　　　主婦之友社　300 元

・心 想 事 成・ 品冠編號 65

1. 魔法愛情點心　　　　　　結城莫拉著　120 元
2. 可愛手工飾品　　　　　　結城莫拉著　120 元
3. 可愛打扮 & 髮型　　　　　結城莫拉著　120 元
4. 撲克牌算命　　　　　　　結城莫拉著　120 元

・熱 門 新 知・ 品冠編號 67

1. 圖解基因與 DNA　（精）　中原英臣 主編　230 元

法律專欄連載・ 大展編號 58

　　　　　　台大法學院　　　法律學系／策劃
　　　　　　　　　　　　　　法律服務社／編著

1. 別讓您的權利睡著了(1)　　　　　　　　200 元
2. 別讓您的權利睡著了(2)　　　　　　　　200 元

・名 師 出 高 徒・ 大展編號 111

1. 武術基本功與基本動作　　劉玉萍編著　200 元
2. 長拳入門與精進　　　　　吳彬　等著　220 元
3. 劍術刀術入門與精進　　　楊柏龍等著　220 元
4. 棍術、槍術入門與精進　　邱丕相編著　220 元
5. 南拳入門與精進　　　　　朱瑞琪編著　220 元
6. 散手入門與精進　　　　　張　山等著　220 元
7. 太極拳入門與精進　　　　李德印編著　280 元
8. 太極推手入門與精進　　　田金龍編著　220 元

・實 用 武 術 技 擊・ 大展編號 112

1. 實用自衛拳法　　　　　　溫佐惠著　250 元
2. 搏擊術精選　　　　　　　陳清山等著　220 元

4

・青春天地・ 大展編號 17

國家圖書館出版品預行編目資料

武當劍／陳湘陵編著
　　——初版，——臺北市，大展，2002 年〔民 91〕
　　面；21 公分，——（中華傳統武術；2）
　　ISBN　957-468-169-6 （平裝）

1. 劍術

528.975　　　　　　　　　　　　　　　　91017049

武當劍

ISBN 957-468-169-6

著　　者／陳 湘 陵
責任編輯／趙 振 平
發 行 人／蔡 森 明
出 版 者／大展出版社有限公司
社　　址／台北市北投區（石牌）致遠一路 2 段 12 巷 1 號
電　　話／（02）28236031・28236033・28233123
傳　　眞／（02）28272069
郵政劃撥／01669551
E - mail／dah_jaan@yahoo.com.tw
登 記 證／局版臺業字第 2171 號
承 印 者／揚昇彩色印刷股份有限公司
裝　　訂／協億印製廠股份有限公司
排 版 者／弘益電腦排版有限公司
初版 1 刷／2002 年（民 91 年）11 月

定　價／200 元

●本書若有破損、缺頁敬請寄回本社更換●

大展好書　好書大展
品嘗好書　冠群可期